ESTE LIBRO DE ¿DÓNDE ESTÁ WALLY? PERTENECE A:

_____

_____

¡EH, FANS DE WALLY! ¡CINCO INTRÉPIDOS VIAJEROS
SE HAN PERDIDO EN CADA ESCENA! ¿PUEDES ENCONTRARLOS?

ODLAW   MAGO   WENDA   WOOF   WALLY
           BARBABLANCA

¡Y EN CADA ESCENA, LOS VIAJEROS HAN
PERDIDO UNOS PRECIADOS OBJETOS!
¿PUEDES ENCONTRARLOS?

LA LLAVE DE WALLY   EL HUESO DE WOOF   LA CÁMARA DE WENDA

EL PERGAMINO DEL MAGO BARBABLANCA   LOS PRISMÁTICOS DE ODLAW

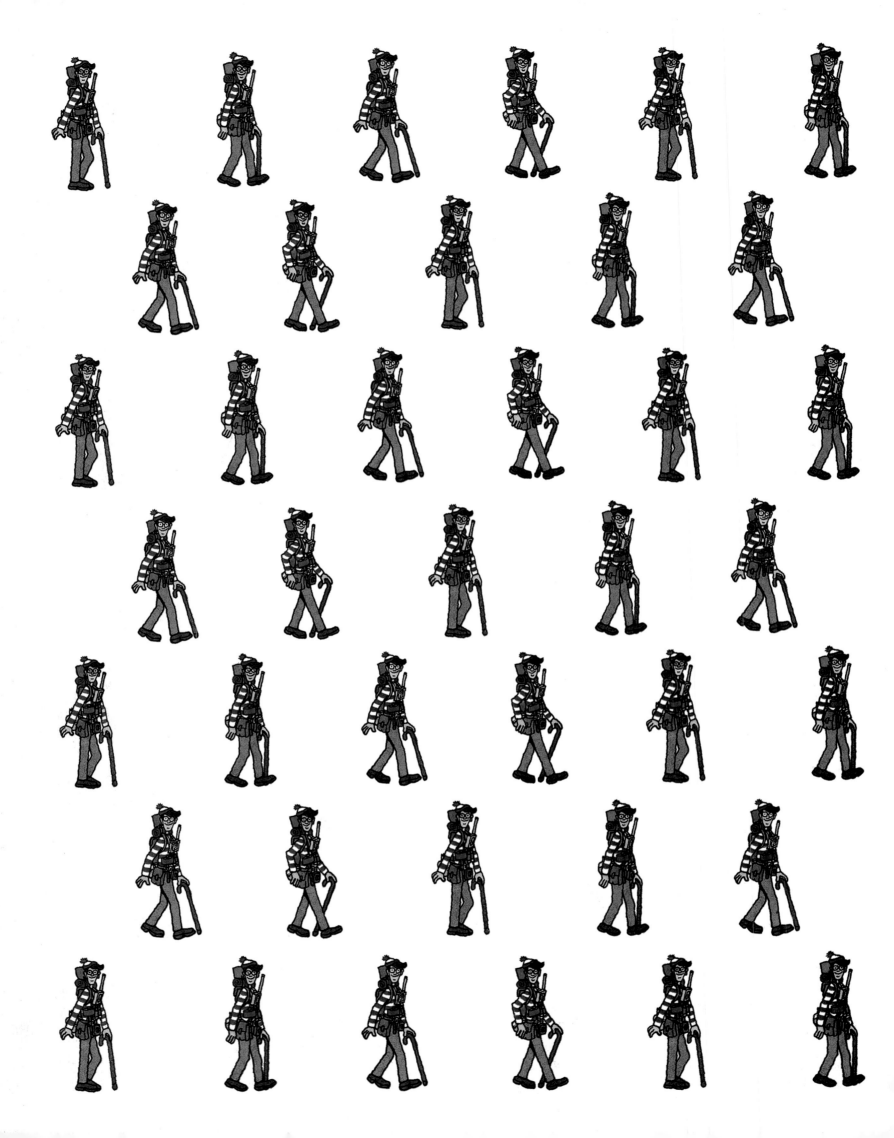

Para Wally

Publicado originalmente en 1987 por Walker Books Ltd.

Título original: *Where's Wally?*

1.ª edición: octubre, 2011

Martin Handford ha establecido su derecho a ser identificado
como el autor/ilustrador de esta obra de acuerdo con el Copyright,
Designs and Patent Act 1988

© 1987, 1997, 2007, Martin Handford
Traducción: Enrique Sánchez Abulí
Revisión: Mireia Blasco
© Traducción: Ediciones B, S. A.
© 2011, Ediciones B, S. A., en español para todo el mundo
Consell de Cent, 425-427 - 08009 Barcelona (España)
www.edicionesb.com
ISBN (obra completa): 978-84-666-4844-8

Ésta es una coedición de Ediciones B, S. A.,
con Walker Books Ltd.

Printed in China - Impreso en China

¿DÓNDE ESTÁ WALLY?

MARTIN HANDFORD

EDICIONES B
GRUPO ZETA

Barcelona • Bogotá • Buenos Aires • Caracas • Madrid
México D. F. • Montevideo • Quito • Santiago de Chile

¡HOLA AMIGOS!

ME LLAMO WALLY. VOY A RECORRER EL MUNDO. PUEDEN ACOMPAÑARME, SI LO DESEAN. LO ÚNICO QUE DEBEN HACER ES ENCONTRARME.

LLEVO CONMIGO CUANTO NECESITO: UN BASTÓN, UNA TETERA, UN MARTILLO, UNA TAZA, UNA MOCHILA, UN SACO DE DORMIR, UNOS PRISMÁTICOS, UNA MÁQUINA DE FOTOGRAFIAR, UNAS GAFAS PARA BUCEAR, UN CINTURÓN, UN BOLSO Y UNA PALA.

A PROPÓSITO, NO VIAJO SOLO. DONDEQUIERA QUE VAYA, ENCONTRARÁN A UN MONTÓN DE PERSONAJES PARA BUSCAR. PRIMERO ESTÁ WOOF (AUNQUE SÓLO SERÁN CAPACES DE VERLE LA COLA), WENDA, EL MAGO BARBABLANCA, Y ODLAW. ADEMÁS, VEINTICINCO BUSCADORES DE WALLY SE ENCUENTRAN EN ALGUNA PARTE. CADA UNO APARECE SÓLO UNA VEZ EN MIS VIAJES. ¿ENCONTRARÁN QUIÉN ES EL QUE APARECE EN CADA UNA DE LAS ESCENAS? EN CADA DOBLE PÁGINA PODRÁN, ADEMÁS, BUSCAR MI LLAVE, EL HUESO DE WOOF, LA CÁMARA DE FOTOGRAFIAR DE WENDA, EL PERGAMINO DEL MAGO BARBABLANCA Y LOS PRISMÁTICOS DE ODLAW.

¡GUAU! ¡QUÉ BÚSQUEDA!

Wally

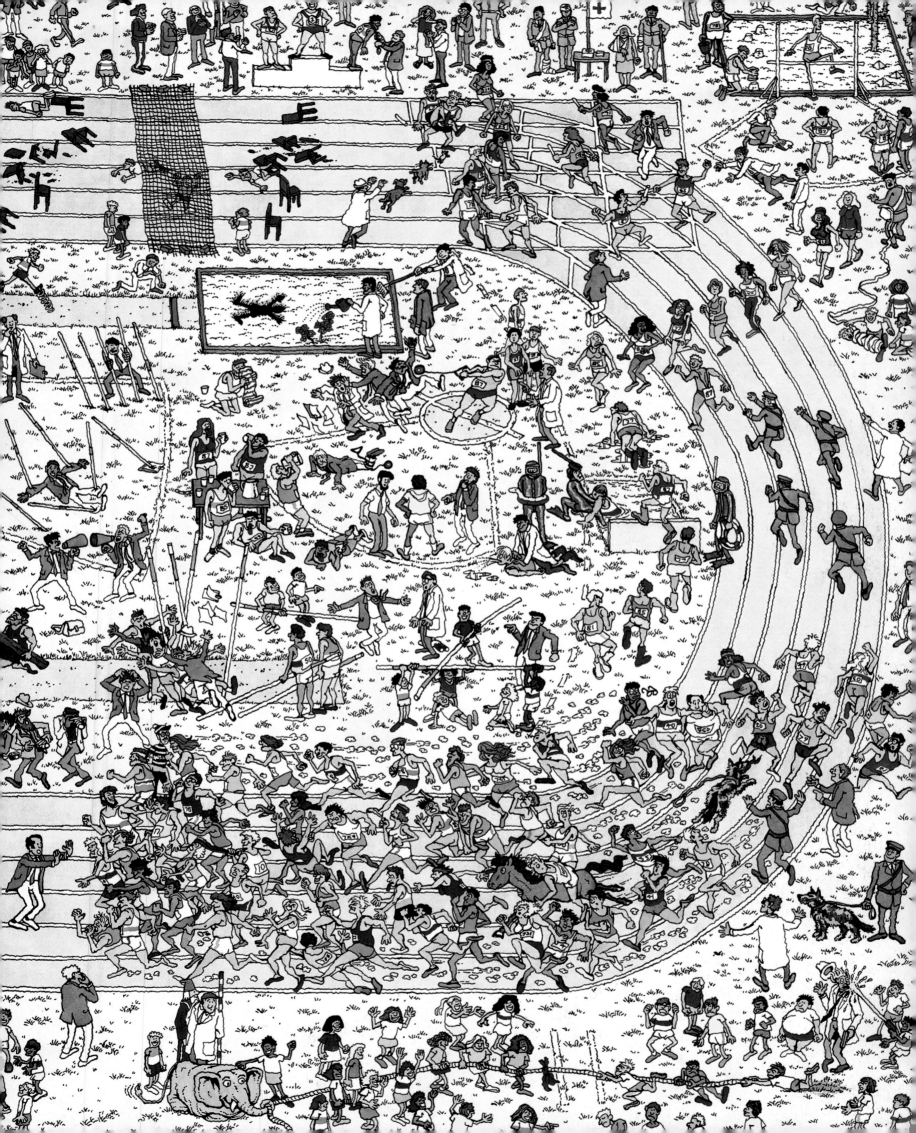

EL JUEGO DE ¿DÓNDE ESTÁ WALLY?

¡Con montones de cosas nuevas que buscar para los rastreadores de Wally!

EN LA CIUDAD

- Un perro en un tejado
- Un hombre en la fuente
- Un accidente de coche
- Un barbero muy valiente
- Gente en la calle mirando la tele
- Un músico que hace llorar
- Una planta que ataca a un niño
- Un camarero despistado
- Un guardia atrapando a un ladrón
- Una cara en la pared
- Un pinchazo causado por la flecha de un romano
- Un hombre saliendo de una alcantarilla
- Uno a punto de tropezar con la correa de un perro
- Un hombre dando de comer a unas palomas
- Un choque entre bicicletas

PISTAS DE ESQUÍ

- Un hombre leyendo en un tejado
- Un esquiador volando
- Un esquiador que no puede frenar
- Un esquiador al revés
- Un dibujo en la nieve
- Un pescador ilegal
- Dos renos esquiando
- Uno que salta sobre el tejado
- Un grupo de patinadores
- Uno tocando el cuerno alpino
- Un muñeco de nieve esquiando
- Un coleccionista de banderas
- Dos esquiadores mendigos
- Un esquiador en un árbol
- Un esquiador náutico en la nieve
- Un Yeti
- Un niño tirando una bola de nieve a otro niño
- Dos esquiadores inconscientes
- Dos esquiadores chocando contra los árboles

ESTACIÓN

- Un chico cayendo de un tren
- Un coche averiado en la vía
- Niños traviesos sobre el techo de un tren
- Gente golpeada por una puerta
- Un hombre a punto de pisar una pelota
- Tres horas distintas a la misma hora
- Un hombre en una carretilla
- El dibujo de una cara en el tren
- Cinco personas leyendo un periódico
- Un mozo de estación muy cargado
- Uno que levanta la maleta con un dedo
- Uno al que se le cae lo que lleva en las maletas
- Una locomotora echando mucho humo
- Uno a punto de caerse de un banco
- Un perro mordiendo el pantalón de un hombre
- Unos vagabundos
- Una mano agarrada por una puerta
- Una estampida de ganado
- Un hombre rompiendo una balanza

EN LA PLAYA

- Un perro mordiendo el trasero de un niño
- Una persona muy abrigada
- Un niño que sigue a su padre
- Una chica con mucho éxito
- Uno que hace esquí acuático
- Un cowboy
- Una colchoneta pinchada
- Un burro al que le gusta el helado
- Un hombre aplastado por una gorda
- Una pelota de playa pinchada
- Una pirámide humana
- Un escalón humano
- Una extraña pareja
- Una chica haciendo una foto a su amigo
- Un burro humano
- Un viejo con una chica bonita
- Un hombre musculoso con una medalla
- Dos hombres con camiseta y otro sin ella
- Un niño ha asustado a otro con una araña
- Una exhibición de castillos de arena
- Una pandilla de ladrones de sombreros
- Un árabe haciendo pirámides
- Tres niños sacando la lengua
- Dos sombreros extraños
- Dos extraños amigos
- Cinco corredores
- Una toalla con un agujero
- Un barco pinchado
- Un chico que no puede comprarse un helado

CÁMPING

- Un toro de hierba
- Un toro con cuernos de vikingo
- Un tiburón en el canal
- Un niño citando a un toro
- Uno metiendo el dedo en el ojo a otro
- Uno al que le echan té encima
- Un puente bajo
- Gente derribada por un mazo
- Un hombre medio desnudo
- Una bicicleta a punto de pincharse
- Camellos haciendo cámping
- Un espantapájaros que no asusta
- Una tienda india
- Un asado humeante
- Un pescador pescando botas
- Una bicicleta con una rueda muy grande
- Unos boy scouts haciendo fuego
- Un excursionista apoyado en una valla
- Un hombre inflando un bote
- Un mayordomo
- Unos corredores
- Un toro persiguiendo a unos niños
- Un topo
- Excursionistas sedientos
- Unos forzudos
- Una tienda caída

ESTADIO

- Tres pares de pies saliendo de la arena
- Un cowboy dando la salida de una carrera
- Un corredor de vallas que se tira de cabeza
- Diez niños con quince piernas
- Un lanzador de discos musicales
- Un malabarista de pesas
- Un sordo con una trompetilla
- Un caballo que hace de potro
- Un motorista
- Un paracaidista
- Un escocés con un tronco
- Un elefante tirando de una cuerda
- Tres personas derribadas por un martillo
- Un jardinero
- Tres hombres ranas
- Un corredor desnudo
- Una cama
- Un niño vendado
- Un corredor con cuatro piernas
- Un zapato manchado de pintura
- Un hombre con unas extrañas piernas
- Otro siguiendo a un perro que persigue a un gato
- Un niño mojando a alguien

MUSEO

- [ ] Un esqueleto muy grande
- [ ] Un payaso tirando agua
- [ ] Una catapulta que va a lanzar a un niño
- [ ] Un bandolero
- [ ] Un bíceps que resalta
- [ ] Una flecha en el cuello
- [ ] Un caballero mirando la tele
- [ ] Unos ladrones de cuadros
- [ ] Un cuadro que echa humo
- [ ] Un nido de pájaro en el sombrero de una mujer
- [ ] Una acuarela goteando
- [ ] Dos cuadros que se pelean
- [ ] Un rey y una reina
- [ ] La pintura de una gorda y la de una delgada
- [ ] Tres hombres prehistóricos
- [ ] Una bomba
- [ ] Un cuadro que saca la lengua
- [ ] Una columna a punto de caerse

SAFARI PARK

- [ ] El arca de Noé
- [ ] Un mensaje en una botella
- [ ] Un hipopótamo al que limpian los dientes
- [ ] Un nido de pájaro en el asta de un ciervo
- [ ] Una jirafa hambrienta
- [ ] Un ladrón de helados
- [ ] Un paso de cebra
- [ ] Papá Noel
- [ ] Tres lechuzas
- [ ] Un unicornio
- [ ] Gente enjaulada
- [ ] Un león conduciendo un coche
- [ ] Osos
- [ ] Tarzán
- [ ] Cachorros de león
- [ ] Un tigre indio
- [ ] Dos colas para los baños
- [ ] Un salón de belleza para animales
- [ ] Un elefante tirando agua

GRANDES ALMACENES

- [ ] Una plancha quemando una espalda
- [ ] Una mujer desnuda en el probador
- [ ] Un hombre con las botas al revés
- [ ] Un hombre cargado con muchos paquetes
- [ ] Un aspirador muy peligroso
- [ ] Una pareja de hindúes
- [ ] Uno que se lava su ropa
- [ ] Uno probándose una chaqueta que le va grande
- [ ] Una mujer tropezando con juguetes
- [ ] Un niño tirando del pelo a una niña
- [ ] Un niño dentro de un carrito de compras
- [ ] Un guante vivo

EN EL MAR

- [ ] Un windsurfista
- [ ] Un bote pinchado por una flecha
- [ ] Un espadachín peleando con un pez espada
- [ ] Una escuela de ballenas
- [ ] Marineros mareados
- [ ] Un buzo chorreando agua
- [ ] Un choque entre barcas
- [ ] Una bañera
- [ ] Una cama flotante
- [ ] El juego del tres en raya
- [ ] Pescadores afortunados
- [ ] Un tiburón de mentira
- [ ] Pescadores sin suerte
- [ ] Gaviotas ladronas
- [ ] Dos esquiadores acuáticos en apuros
- [ ] Un cowboy de mar
- [ ] Fotografiando a un pez
- [ ] Un hombre estrangulado por un pulpo
- [ ] Un polizón a bordo de un barco
- [ ] Un barco chino
- [ ] Unos que hacen el indio

PARQUE DE ATRACCIONES

- [ ] Un cañón de una caseta de tiro
- [ ] Un auto chocador que se ha salido de la pista
- [ ] Un tragasables
- [ ] Un bandido manco
- [ ] Un vendedor de globos volando
- [ ] Un cohete que sale volando
- [ ] Un caballito que se escapa del carrusel
- [ ] Una casa encantada
- [ ] Siete niños y un perro perdidos
- [ ] Dos tanques que chocan
- [ ] Un levantador de pesas al que se le caen las pesas
- [ ] Tres payasos
- [ ] Tres hombres disfrazados de osos

AEROPUERTO

- [ ] Un plato volador
- [ ] Un niño que se ha escondido dentro de una maleta
- [ ] Un niño tirando con una honda
- [ ] Una manguera que deja un charco
- [ ] Empleados jugando al «badminton»
- [ ] Un cohete
- [ ] Una torre
- [ ] Tres contrabandistas de relojes
- [ ] Niños traviesos sobre un avión
- [ ] Elevador de cargas con tenedor
- [ ] Una media
- [ ] Un helicóptero
- [ ] Un avión que no puede volar
- [ ] Un as del aire
- [ ] Drácula
- [ ] Cinco hombres inflando un globo
- [ ] Unos que hacen una carrera
- [ ] Cuatro fumadores
- [ ] Cuatro personas cayendo de un avión
- [ ] Dos vacas
- [ ] Un coche de bomberos
- [ ] Tres pilotos juguetones
- [ ] Una aeronave pinchada

¡GUAU, QUÉ BÚSQUEDA!

¿Encontraron a Wally, a todos sus amigos
y a todas las cosas que se han perdido?
¿Saben en qué doble página Wally y Odlaw
perdieron sus prismáticos? Los prismáticos de Odlaw
son los que están más cerca de él. ¿Descubrieron
al personaje extra que aparece en cada escena?
Si no, sigan buscando. ¡Guau! ¡Fantástico!

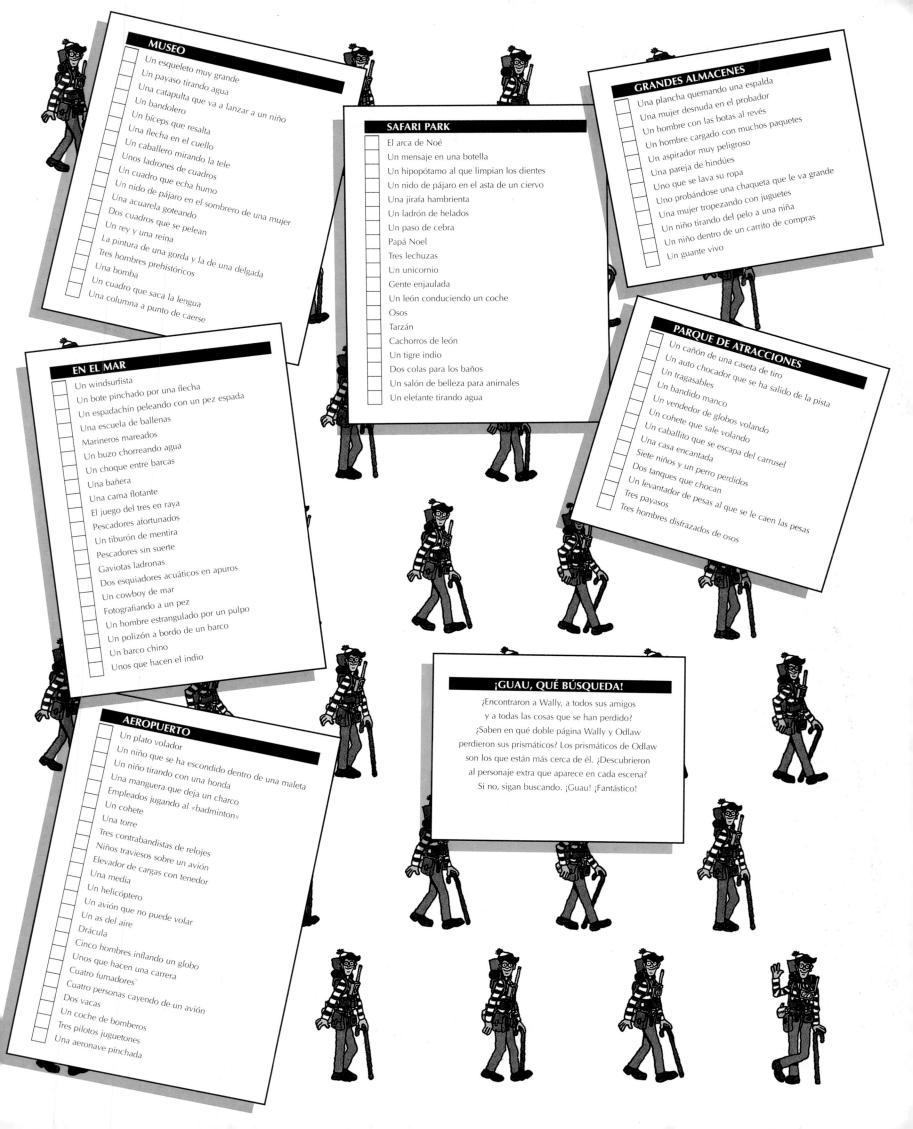